청개구리 글방

일러두기

- 이 책에서 몇몇 만화는 이야기를 재구성했습니다.
- 뚜렷하게 잘못된 글자와 띄어쓰기만 바로잡고, 입말이나 사투리는 되도록 그대로 두었습니다.
- 설명이 필요한 곳은 각주에서 풀이했습니다.

청개구리 글방

윤승운 만화

보리

우리 미래를 훤히 열어 주는 옛이야기

　내 어린 시절에는 어른들이 옛이야기를 참 많이 들려줬어. 지금 내 나이가 일흔이 넘어서 다는 기억하지 못하지만, 그래도 꽤나 생각나는구나.

　내 고향은 함경북도 종성 산골이야. 조선시대 세조 임금 때 충청남도 보령이라는 곳에서 현감 일을 하던 내 조상은 서른셋에 함경북도로 귀양 갔다가 영영 주저앉아 자손이 번졌으니, 그게 어언 오백육십 년 전 일이야. 1456년에 사육신이 난을 일으켰거든. 그때 내 조상을 비롯한 많은 선비가 사육신과 친했다는 까닭으로, 세조가 먼 곳으로 귀양 보낸 듯해.

　조선 초까지 역사 기록에서 볼 수 있었던 내 조상들의 이름은 귀양 간 조상을 끝으로 함경도 깊은 산골 무지렁이 백성이 되어서 얼마 동안은 보기 힘들었어. 워낙 위쪽 지역 사람들은 벼슬하기도 힘들었거든.

　그러다 숙종 임금 때 역사 기록에 잠시 나와. 임진왜란 때 함경북도 회령에서 아전 일을 하던 국경인이라는 사람이 난을 일으키거든. 그때 내 조상인 회령 선비 여덟 명이 이 사람을 잡아 나라에 바쳤는데, 광해군, 인조, 효종, 현종 임금 대를 지나 숙종 임금 때 이르러 그 회령 선비 여덟 명에게 학사(그저 명예일 뿐인 관직 이름으로, 정려문을 세워 줌) 칭호를 내렸어. 그 뒤로는 조선시대 말기에 겨우 무과에 몇 분 올랐을 뿐이지.

　어려서부터 귀가 닳도록 들은 이 옛날이야기는 살면서 큰 도움이 되었단다.

　내 어린 시절과 지금의 어린이들을 견주어 보면 무엇보다 먹고 입을 것이 절대 부족했던 옛날에 비해 요즘은 너무도 많고 흔한 것 천지인 시대야.

　잘 먹고 잘살고, 뭐든지 흔하지. 연필도 공책도 장난감도……. 너무 흔해서 아까운 줄 모르고 헤프게 쓰면서도 낭비인 줄 모르니 탈이야. 신문지로 똥 닦던 우리가 수세식 뒷간에서 두루마리 휴지로 밑을 닦으니 얼마나 세상이 달라졌는지 알 만해. 먹는 것도 꽁보리밥이 없어 못 먹던 우리가 골라 가며 과식하니 옛사람들이 지금의 우리를 보면 '신선 세계'에 산다고 하겠지?

　이렇게 좋은 시절이건만 부족한 게 있다면 옛이야기를 들려줄 어른들이 없는 거야.

　전처럼 몇 대가 같이 사는 것이 아니라 부모랑 아이만 있는 핵가족이 대부분이잖아. 그러다 보니 대를 이어 내려오며 끈끈히 전해지던 전통은 맥이 끊기고 책도 가까이하지 않으니 어린이의 마음씨와 정신은 무엇으로 키우겠어? 몸은 큰데 생각하는 것이나 남을 배려하는 마음씨는 갓난아이 같으니 한심하다는 생각까지 들어.

　이에 우리 옛 조상님들의 삶의 모습을 되돌아보며 우리의 마음을 키우고자 이 만화를 그린 것이니 꼭 읽고 생각에 잠겨 보기를 바란다.

　우리가 우리 역사를 알아야 우리 앞의 길도 훤히 열린단다.

2015년 4월

윤승운

 차례

머리글 우리 미래를 훤히 열어 주는 옛이야기 – 윤승운 • 4

여는 이야기
글방 여는 날 • 8

1회
산삼에 얽힌 이야기 • 12

2회
바둑을 가장 잘 두는 사람 • 24

3회
조선의 재주꾼들 • 36

4회
진짜 강한 사람 — 우하형 • 48

5회
진짜 강한 사람 — 이병식 • 60

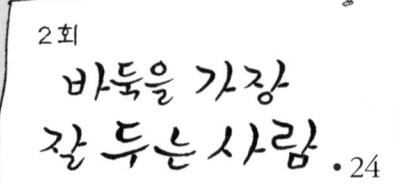

6회
글공부를 한 까막눈 • 72

7회
재주 있는 사람 최천약 • 84

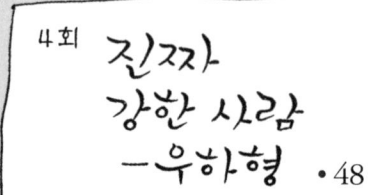
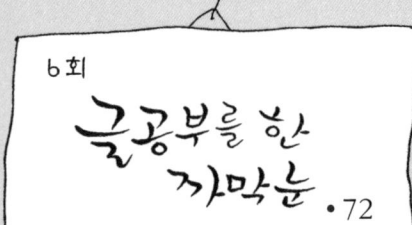
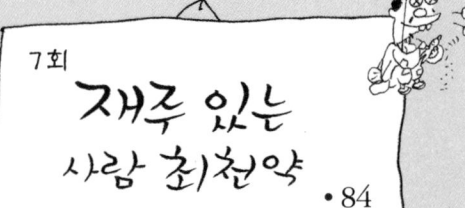

*고담 옛이야기.

***기군망상** 임금을 속임.

파발마 조선시대 나랏일로 급히 가던 사람이 타던 말.

***낙성식** 건축물이 다 지어진 것을 축하하는 의식.

인삼은 우리 땅에서 나는 것만이 약효가 뛰어나서 고려인삼(高麗人蔘)이라 하여 '蔘(인삼 삼)' 자를 쓰는데

외국산은 '參(석 삼)' 자를 쓰니 화기삼(花旗參), 동양삼(東洋參) 들은 외국 것이라는 것을 알 수 있다.

이처럼 인삼은 고대로부터 신비스러운 약으로 불려 오기에

산삼을 캐러 다니는 '심마니'들은 그들 나름대로 규약이 있어,

산을 들어가기 바로 전에는 부부가 같이 자거나 생명을 죽이지 않으며 시체를 안 보고 술과 고기도 안 먹었다.

호랑이가 물어 가는 꿈, 돼지 꿈, 송장을 메는 꿈, 인삼이 사람으로 변하는 꿈 들은 좋은 일이 생길 꿈이지만

눈 덮인 산, 얼어 죽는 꿈은 불길하다 여겨서 산삼을 캐지 않는다.

또 산삼을 캐고 나면 반드시 제사를 올렸으니 역시 산신이 노할까 봐 그런 것이다.

이처럼 금기와 규율이 엄한 것은 오랜 세월 경험에서 나온 것이라

산삼에 얽힌 설화는 많이 전해 온다.

조선 중기, 포천 백운산에서 실제로 있었던 일로

김씨 성을 가진 심마니가 어느 날 친구들과

산삼을 찾아 나섰는데…….

***동자삼** 어린아이 모양처럼 생긴 산삼.

***영물** 신령스러운 물건이나 짐승. ***신벌** 신이 내리는 벌.

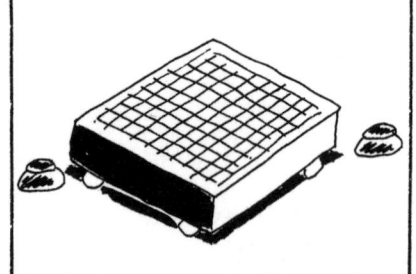

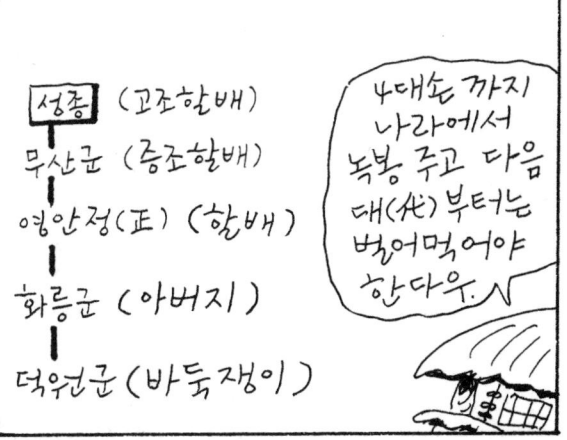

*국수 한 나라에서 장기나 바둑을 가장 잘 두는 사람.

***수자리** 나라와 나라 사이를 가르는 경계를 지키는 일.

***삼선, 사평우** 바둑에 나오는 여러 가지 수 가운데 하나. ***역노** 원래 양반이었으나 반역을 저질러 노비가 된 사람.

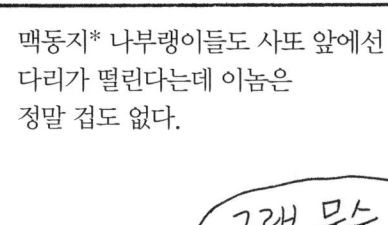

***맥동지** 관아에 곡식을 바치고 벼슬을 얻은 사람. ***이속** 각 관아의 벼슬아치 밑에서 일을 보던 사람.

***악수** 바둑이나 장기에서 잘못 두는 나쁜 수.

***동수** 바둑이나 장기를 두는 사람이 서로 실력이 비슷한 것을 이르는 말.

***이경** 하룻밤을 다섯으로 나눴을 때 두 번째 시간. 밤 아홉 시부터 열한 시 사이.

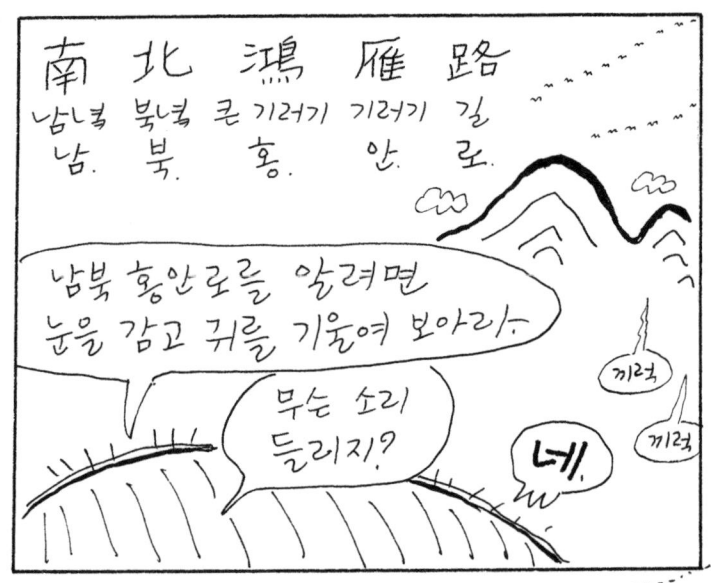

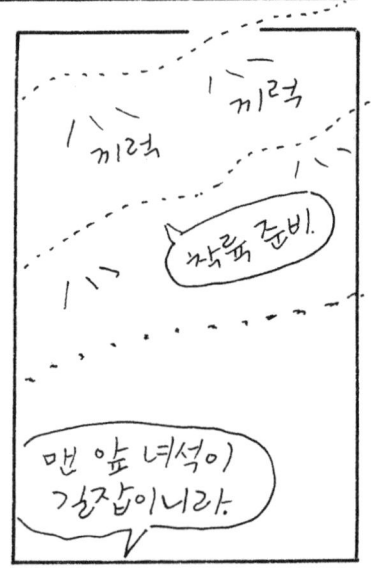

***지관** 땅의 좋고 나쁨을 살펴서 집터와 묏자리를 알려 주는 사람.

***길지** 후손에게 장차 좋은 일이 많이 생기게 된다는 묏자리나 집터. ***혈** 산의 정기나 자연의 좋은 기운이 모인 자리.

***풍수설** 땅의 기운에 따라 사람이 잘되고 못될 수도 있다는 생각.

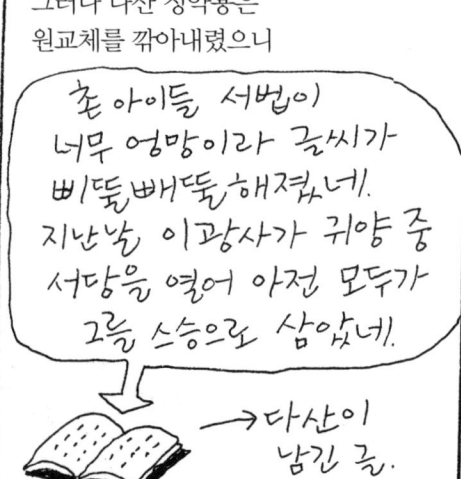

***간록체** 관청에서 문서나 기록을 남길 때 쓰는 틀에 박힌 글씨체. ***속기** 사람이 세상에 살면서 몸에 배는 그렇고 그런 흔한 기운.

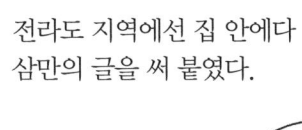

***신필** 아주 뛰어나게 잘 쓴 글씨.

***천자국** 황제가 다스리는 나라. 여러 왕을 거느린다. ***제후국** 왕이 다스리는 나라. 천자국을 받든다.

***성현** 어질고 지혜로워 모두가 우러르는 사람을 이르는 말.

*국문 임금의 명령에 따라 죄인에게 궁금한 것을 캐묻거나 벌을 주는 것.

***육진** 조선시대에, 지금의 함경북도 북쪽 가장자리를 일구어 세운 여섯 진. 경원, 경흥, 부령, 온성, 종성, 회령이 있다.

*살기 남을 해치거나 죽이려는 무시무시한 기운.

***한신** 중국 한나라 초의 무장. 젊은 시절, 시비를 걸어 오는 불량배의 가랑이 사이를 태연히 기어간 일로 이름이 나 있다.

***역발산기개세** 힘은 산을 뽑을 만큼 세고, 기운은 세상을 덮을 만큼 크다는 뜻.

*서생 유학을 공부하는 사람.

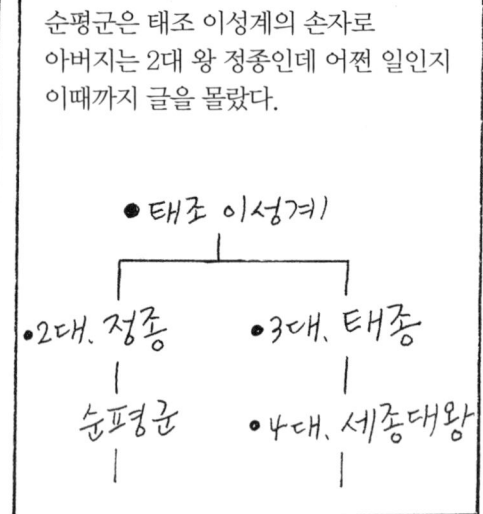

*창힐 중국 고대 사람으로 새와 짐승의 발자국을 본떠서 처음으로 문자를 만들었다고 한다.

*__자치통감__ 전국시대부터 송나라 이전까지 천삼백여 년 중국 역사를 시간 흐름에 따라 적은 책.

***엽관** 벼슬을 얻으려고 갖은 방법으로 힘쓰고 노력하는 것.

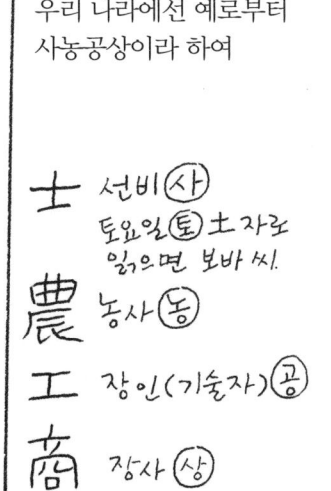

***장인** 특별한 기술을 가지고 물건을 만드는 사람.

*배알 옛날에 왕이나 높은 사람을 찾아가 만나 보던 일.

***산릉** 나라에 큰 공이 있는 사람이 묻힐 무덤.　***탁본** 비석에 새겨진 글씨에 먹물을 발라 찍어 낸 종이.

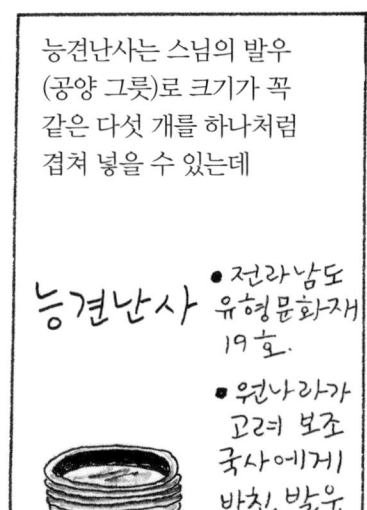

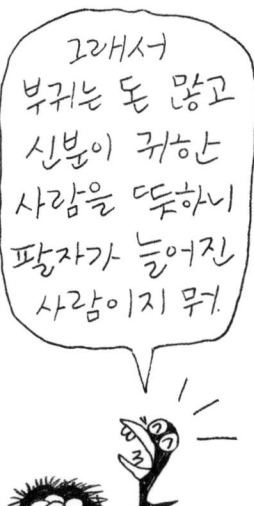

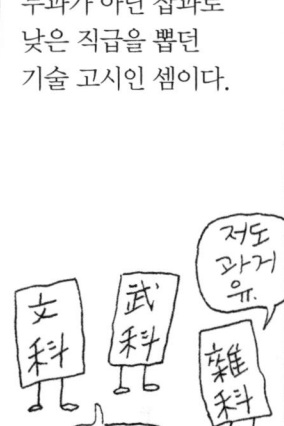

***산관** 옛날 관청에서 수를 셈하고 따지는 일을 맡아보던 사람. ***비방** 자기만 아는 비밀스러운 방법.

***왕후장상** 왕이나 왕족, 높은 자리에 있는 장수나 벼슬아치들을 두루 이르는 말.

***어의** 궁궐 안에서 임금이나 왕족의 병을 고치던 의원.

대궐에 와서도 땀만 뻘뻘 흘릴 뿐 약원*
책임자가 묻는 말엔 대답조차 못하니
모두가 웃었다.

드디어 왕을 만나니 정조는 부드러운 말로
이른다.

사흘을 고아 정조 임금에게
붙였다.

이 나라의 으뜸가는 어의들도 못 고친 병을 떠돌이
약장수가 사흘 만에 고치겠다니 궐내가 떠들썩하다.

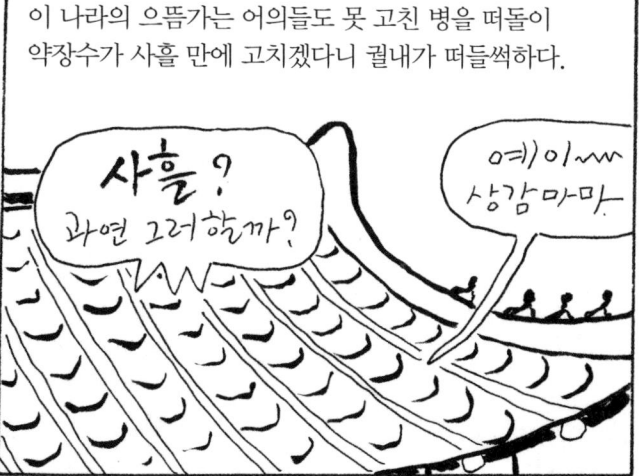

***약원** 궁궐에서 병을 고치거나 약을 쓰는 일을 맡아보던 관청.

*침의 침을 써서 병을 다스리는 의원.

***출륙** 옛날에 낮은 벼슬에서 육품 벼슬이 되던 일.　　***감목관** 옛날에 지방에 있는 나라 목장을 맡아 살피던 벼슬.

***사도세자** 정조의 아버지. 세자였을 때 아버지인 영조의 노여움을 사 뒤주에 갇혀 죽었다.

억울하다 하겠으나 어의 강명길은 형틀에서 맞아 죽었으니 그의 귀양은 그나마 다행이리라.

정조를 해치려는 무리가 있었기에 오늘날까지 왕이 죽은 까닭은 아리송하다.

뛰어난 재주로 천민 신분을 벗어나 많은 사람 목숨을 구해 낸 피재길!

그이는 귀양살이 뒤 의술을 끊었는지 다시 명의로서 명성은 없고

몇 책에 그 이름이 전해 올 뿐이다.

부처님도 생로병사라 하였는데 나고, 늙고, 병들고, 죽는 4꿈(고)를 말함이지.

인생에서 부귀영화, 오복도 좋지만 더욱 중요한 것은

正 道 니라
바를 정, 길 도
• 사람이 행하여야 할 바른 길.

세상을 올바른 도리에 따라 살아간다면 그게 바로 도인이요, 도사님이지.

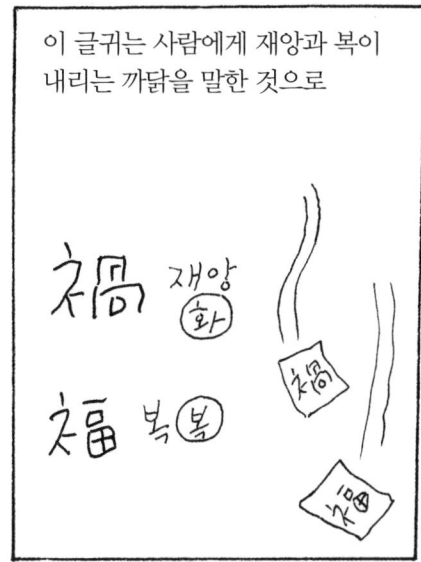

*탐라 제주도의 옛 이름.

*천문 우주에 얽힌 온갖 일들과 그 까닭.

***부중** 벼슬이 높은 양반 집이나 관청을 이르는 말.

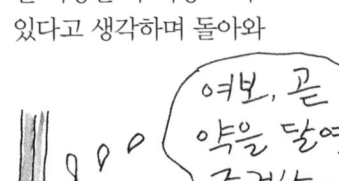

***향청** 고려, 조선시대에 지방 관청을 돕던 곳. 풍속을 바로잡거나 백성들 뜻을 관청에 알리는 일을 했다.

***급소** 우리 몸에서 조금만 다쳐도 목숨을 잃을 수 있는 중요한 곳.

***상주** 장례를 치를 때 주인 노릇을 하는 사람. 흔히 죽은 사람 맏아들이나 맏손자가 맡는다.

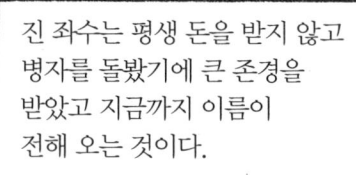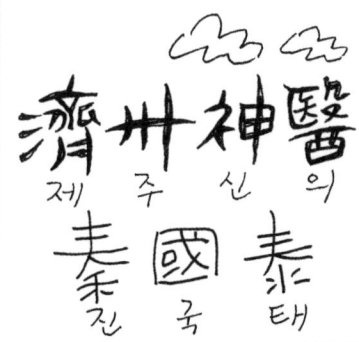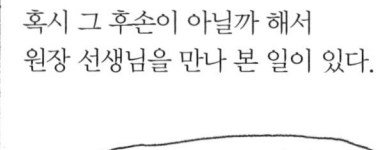

***부지하충빙** 여름벌레는 얼음을 알지 못한다는 뜻으로, 다른 사람 처지를 헤아리지 못함을 이르는 말.

사슴뿔 머리에 멧돼지 코, 왕뱀 몸통에 잉어 꼬리, 독수리 발톱 들 동물마다 특별히 뛰어난 걸 한데 더해 말도 안 되는 동물을 만들고는 신령하다는 뜻을 붙여 용이라 부른 것이다.

***파양** 데려다 키운 자식과 인연을 끊음.

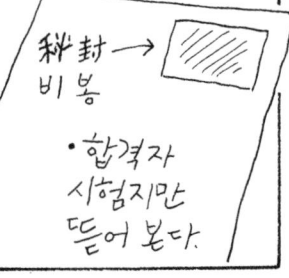

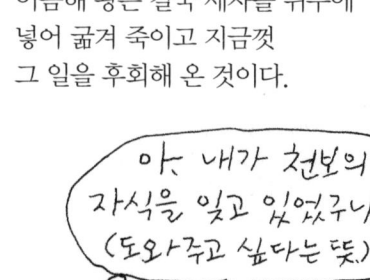

***종묘제향** 조선시대 때 나라에서 임금과 왕비 위패를 모시던 제사. ***봉축관** 나라에서 벌이는 큰 잔치나 제사를 맡아보던 관리.

*오언시 한 구가 다섯 글자로 된 한시. *칠언시 한 구가 일곱 글자로 된 한시.

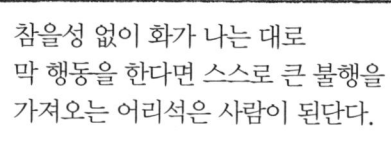

홍패(과거 급제 증거 문서)를 관 위에 올려놓자 관이 부르르 떨며 떨어졌다.

이에 현종은 그의 노고를 헤아리고 참판 벼슬을 내렸으니

지금까지 김 참판으로 불려 온다.

죽은 뒤 내리는 벼슬도 살아서 받는 것과 동일하며 가문엔 영광이요, 후손이 출세하는 데 큰 도움이 되거든.

이문원이 급제하고 다섯 해 뒤 영조가 죽고 정조가 뒤를 이으니……

이문원은 정조 시대에 높은 벼슬을 지냈다.

어느 해 정조는 이문원을 전라도 경시관에 임명했는데……

글엔 무식한 감독관이 온다니 시관들은 입이 찢어지게 좋아했다.

*봉서 임금이 친척이나 가까운 신하한테 다른 사람 모르게 내리던 편지.

*남여 조선시대에 높은 벼슬아치가 타던 가마.

***좌정** 자리 잡고 앉는 것을 점잖게 이를 때에 쓰는 말.

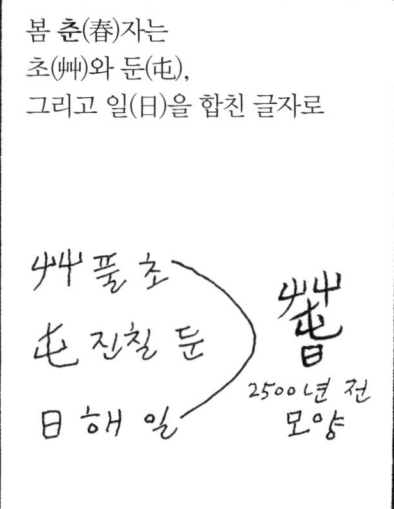

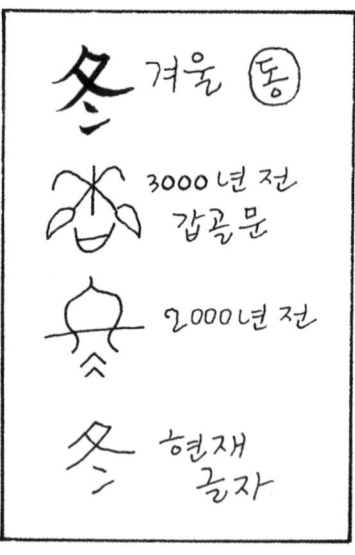

***미수** 여든여덟 살을 달리 이르는 말.

송명흠은 영조 임금 때 이름 높은 학자로

스무 살 전에 이미 그 시대 큰 학자들 기대를 받은 바 있다.

그러나 벼슬에는 전혀 뜻이 없어

과거도 보지 않고 벼슬이 주어져도 나아가지 않았다.

이에 왕이 특명을 내려 한양으로 오게 했는데…….

어쩔 수 없이 옥과 현감 벼슬을 받아

공을 세웠으나 곧 모친 병을 핑계로 물러나니 영조도 어쩔 수 없었다.

그 뒤에도 여러 차례 벼슬이 내려졌지만 거절하고 학문에만 몰두했다.

그러다 찬선으로 경연관이 됐는데,

찬선: 정3품 당상관. 세자 교육 담당(스승)

*성상 살아 있는 자기 나라 임금을 높여 이르는 말.

***종묘사직** 조선시대에 왕실과 나라를 함께 이르던 말.   ***걸주** 천하의 폭군을 비유하여 이르는 말.

*비호 잘못을 저지른 사람을 감싸고 돌보는 일.

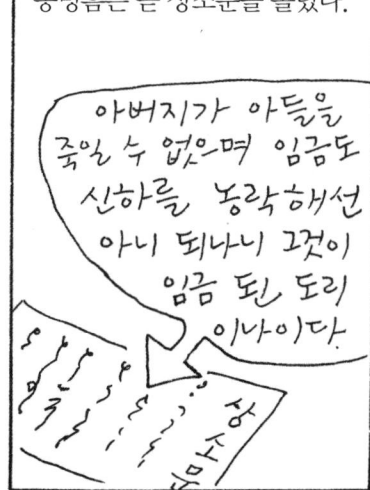

***충간** 충성스러운 마음으로 윗사람한테 잘못을 고치도록 말함.

*탄핵 나랏일을 맡고 있는 사람한테 잘못을 꾸짖어 물러나라고 요구하는 것.

***좌천** 본디 일하던 자리보다 낮은 자리로 내려가거나 다른 곳으로 가서 일하게 되는 것.

*사사 죄인에게 임금이 독약을 내려 스스로 죽게 하던 일.

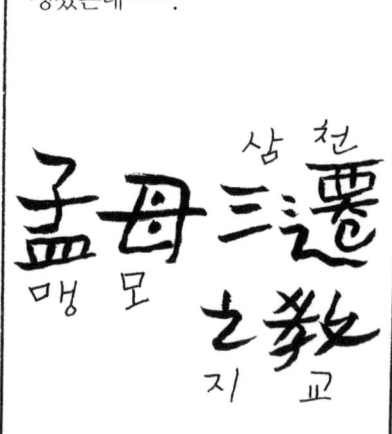

*아성 성인에 버금가는 사람.

***청백리** 재물을 탐하지 않는 곧고 깨끗한 관리를 이르는 말.

***사관** 역사를 기록하는 일을 맡아보던 벼슬.　***실록** 한 임금이 나라를 다스리는 동안 생긴 모든 일을 날짜마다 적은 책.

***압송** 죄인을 잡아서 다른 곳으로 옮기는 일.

***반정** 옳지 못한 임금을 끌어내리고 새 임금을 세워 나라를 바로잡는 일.

***글경이질** 관리나 힘이 있는 자가 백성들 재물을 긁어 들이는 짓을 빗대어 이르는 말.

그 뒤론 제주 아전들 비리가 싹 없어지니 백성들이 좋아했다.

이 목사가 임기를 마치고 떠나려니……

이 목사는 백성 대표들을 엄히 꾸짖어 송덕비를 세우지 못하게 했다.

그런가 하면 탐관오리들은 매질까지 해 대며 백성들 재물을 빼앗아 '암행어사' 제도가 생겨났다.

한양으로 오려고 관아를 떠난 이 목사는

말채찍을 성문에 걸어 놓고 가니 뒷날 오는 다른 원님들이 감히 부정을 못 했단다.

***송덕비** 착한 일을 하여 쌓은 업적을 기리기 위하여 세운 비.

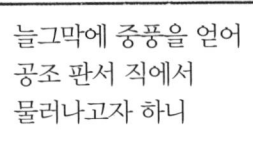

***소학** 조선시대에 유학을 처음 배우는 어린이가 공부하던 책.

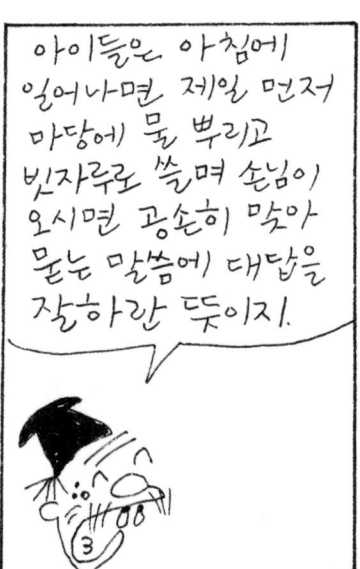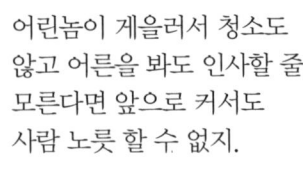

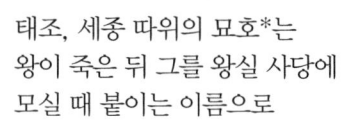

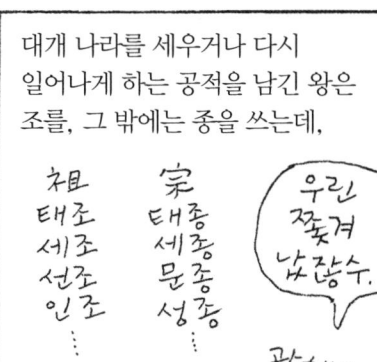

*묘호 임금이 죽은 뒤에, 살아 있을 때 쌓은 업적과 덕을 기리어 붙인 이름.

***지벌** 신분과 지위를 아울러 이르는 말.

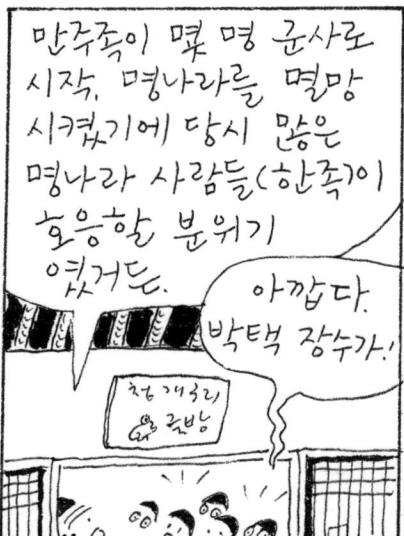

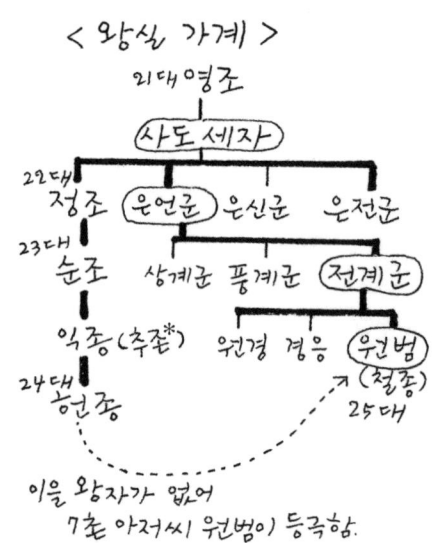

*추존 왕위에 오르지 못하고 죽은 이에게 임금의 칭호를 주던 일.

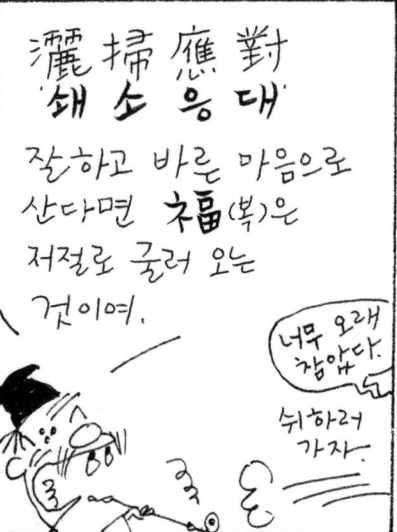

***선단** 신선이 만들어 죽지 않고 오래 살게 해 준다는 신비한 약.

*어육 짓밟고 으깨어 아주 망가진 상태를 이르는 말.   *변란 큰일이 일어나 세상이 어지러움. 또는 그런 소란.

*묵객 먹으로 글씨를 쓰거나 그림을 그리는 사람.

***몽진** 임금이 난리를 피하여 안전한 곳으로 떠나는 것을 이르는 말.

*행재소 임금이 궁을 떠나 있을 때 머무르던 곳.

대개의 장수가 급했던 전투 상황을 설명하고 자신들의 공로를 크게 부풀려 기록하건만

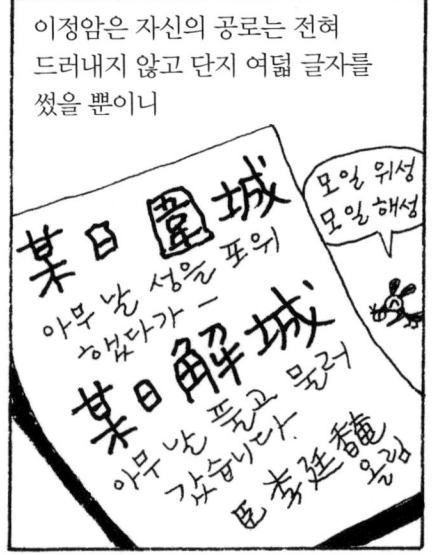
이정암은 자신의 공로는 전혀 드러내지 않고 단지 여덟 글자를 썼을 뿐이니

임금과 모든 신하가 웃을 수밖에······.

선조는 그이가 자랑하지 않은 것을 크게 칭찬하고 특별히 품계를 올려 주었다.

이런 훌륭한 조상을 둔 이규호는 어릴 때부터 착하고 효성이 지극했는데······.

정조 10년(1786년)인 서른넷에 무과에 급제, 무관이 되었다.

어느 해, 어머니가 병석에 누워 위독하니 힘써 약제를 구해 왔고

약시중도 아내나 자식에게 맡기는 일 없이

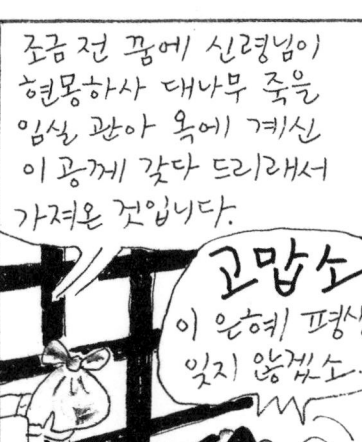

사자성어 청개구리 글방 공부마당

흥망성쇠(興亡盛衰) 26쪽
하는 일이 잘되기도 하고, 못되기도 하고,
좋아지기도 하고, 나빠지기도 하는 것.

희로애락(喜怒哀樂) 26쪽
기쁨과 화남, 슬픔과 즐거움.

기사회생(起死回生) 32쪽
거의 죽을 뻔하다가 다시 살아남.

살부지수(殺父之讐) 46쪽
아버지를 죽인 원수.

약육강식(弱肉强食) 49쪽
약한 자가 강한 자에게 먹힌다는 뜻.

태평성대(太平聖代) 50쪽
어진 임금이 잘 다스리어 사람들이
잘 살고 세상이 편안한 때.

부귀영화(富貴榮華) 97쪽
재산이 많고 신분이 높아서 세상에
드러나 온갖 영광을 누림.

상통천문(上通天文) 112쪽
천문학에 대하여 잘 앎.

하달지리(下達地理) 112쪽
지리에 대하여 잘 앎.

고고지성(呱呱之聲) 113쪽
아이가 세상에 나오면서
처음 우는 울음소리.

백골난망(白骨難忘) 116쪽
남에게 큰 덕을 보았을 때
고마운 마음을 나타내는 말.

불문곡직(不問曲直) 149쪽
옳고 그름을 따지지 아니함.

언중유골(言中有骨) 153쪽
말 속에 뼈가 있다는 뜻으로,
예사로운 말 속에 단단한 속뜻이
들어 있음을 이르는 말.

견금여석(見金如石) 164쪽
황금 보기를 돌같이 한다는 뜻으로,
지나친 욕심을 참으라 이르는 말.

견물생심(見物生心) 164쪽
물건을 보면 그것을
가지고 싶은 욕심이 생김.

이실직고(以實直告) 170쪽
사실 그대로 말함.

조실부모(早失父母) 173쪽
어려서 부모를 잃음.

개과천선(改過遷善) 176쪽
지난날의 잘못이나 허물을 고쳐
올바르고 착하게 됨.

와석종신(臥席終身) 195쪽
제명을 다하고 편안히
자리에 누워서 죽음.

청개구락지들,
머리에 쥐 나겠네.

215

개똥이네 만화방 14
청개구리 글방

2015년 4월 10일 1판 1쇄 펴냄 | 2023년 6월 19일 1판 4쇄 펴냄

만화 윤승운
편집 김로미, 박세미, 이경희, 조성우
디자인 김은미 | **제작** 심준엽
영업마케팅 나길훈, 양병희, 조진향 | **영업관리** 안명선 | **새사업부** 조서연
경영지원실 신종호, 임혜정, 한선희
인쇄와 제본 (주)상지사P&B

펴낸이 유문숙 | **펴낸 곳** (주)도서출판 보리 | **출판 등록** 1991년 8월 6일 제9-279호
주소 (10881) 경기도 파주시 직지길 492
전화 031-955-3535 | **전송** 031-950-9501
누리집 www.boribook.com | **전자우편** bori@boribook.com

ⓒ 윤승운, 2015

이 책의 내용을 쓰고자 할 때는, 저작권자와 출판사의 허락을 받아야 합니다.
잘못된 책은 바꾸어 드립니다.
값 13,000원

보리는 나무 한 그루를 베어 낼 가치가 있는지 생각하며 책을 만듭니다.

ISBN 978-89-8428-870-6 77810

제품명 : 도서 제조자명 : (주) 도서출판 보리 주소 : (10881) 경기도 파주시 직지길 492 전화번호 : (031) 955-3535 제조년월 : 2023년 6월 제조국 : 대한민국 사용연령 : 8세 이상
주의사항 : 책의 모서리가 날카로우니 다치지 않게 주의하세요. KC 마크는 이 제품이 공통안전기준에 적합하였음을 의미합니다.